사랑하고 싶을 땐 시를 쓴다

정신재 시선집
사랑하고 싶을 땐 시를 쓴다

아래에서 만나
하늘처럼 사랑하고
사랑하고 싶을 땐 시를 쓴다

엠·애드

| 시인의 말 |

 1983년에 『시문학』을 통해 등단한 이후 '현상'·'실재實在'·'시뮬라크라(Simulacra)'를 탐구하며 살아왔다. 곧 존재가, 진실이라고 가정된 세계에 대하여, 가장 진실에 가깝다고 생각되는 시선으로 세계를 보려고 노력해 왔다.
 질 들뢰즈에 의하면 '시뮬라크라는 근거나 기초가 없는 외관들이나 이미지들이다.' 이는 후설의 '현상학적 판단중지'(세계를 해체하는 것이 아니라, 세계를 괄호 안에 넣음으로써 현실에 관한 판단을 유보하는 것)를 넘어 존재와 사물의 본질에 진실에 가깝게 접근하는 방식에 의해서 이루어진 세계다. 삶은 차이, 다르게 사유할 수 있는 역능, 다르게 생성되는 것, 그리고 차이를 창조하는 것이다. 이와 같은 논조에 따르면 모든 사유는 삶의 예술이자 사건이다.
 문학 또한 허구 그 자체의 역능(Power), 가능한 세계를 상상하는 역능이다. 그래서 지난 40년간 사물을 새로운 시선으로 바라보면서 사색해 왔다. 그리고 이제까지 살아오면서 겪은 경험들을 문학의 장(場)에서 새로운 시선으로 차이를 인지하며 엮어 보았다. '나'의 자아는 지구상에 존재하는 70억 명 중에 유일한 경험을 가지고 있다.

이러한 경험은 영원 위에 남을 흔적을 가지고 있을 것이다. 그 흔적 중 지극히 일부를 글로 정리해 보았다.

이를 통해 필자가 세계를 사물의 본질에 가까운 새로운 시선으로 인지하려 했음을 짐작할 수 있을 것이다. 지구상에 태어나 나만의 길이 있었음을 인지하며 '차이'가 있는 세계를 통하여 또다른 차이를 유발할 수 있기를 기대한다.

| 차례 |

시인의 말 · 4

제1부 비가悲歌

사랑하고 싶을 땐 시를 쓴다 · 14
청어 · 15
바다의 무게 · 16
갈대 · 17
연緣 · 18
그 해 여름의 추억 · 19
호수 위의 낙엽 · 20
개펄 위의 낙조 · 21
고추잠자리 · 22
비가悲歌 · 23

제2부 비오는 숲속에서

마을 어귀 · 26
가난한 자의 독백 · 27
바둑과 氣 · 28
이문동 소견 · 5 - 석탄과 풀 · 29
비오는 숲속에서 · 30
웬일일까 · 31
이발소 풍경 · 32
문상問喪 · 34
내가 그대를 만나지 않는 것은 · 35
백만장자가 된 사나이 · 36
기억 저편 · 37

제3부 이삿짐을 싸면서

산과 포구 · 40
노을 · 41
변기 위에서 · 42
골목길 · 44
어시장 · 45
낙숫물과 명상 · 46
바다 · 47
도시와 아이 · 48
이삿짐을 싸면서 · 49
빈 집 후기後記 · 50

제4부 그곳에 가면

그곳에 가면 · 54
수정꽃 · 55
수락산 새벽길 · 56
어머니의 기도 · 57
어느 설날 · 58
어머니의 손 · 59
나에게 온 섬 · 60
머나먼 섬 · 1 · 61
머나먼 섬 · 2 · 62
송전탑 · 63

제5부 달빛과 신화

전주 기행 · 66
호수의 동화 · 67
낙조와 달빛 · 68
달빛과 신화 · 69
아침 맞기 · 70
밀어密語 · 71
부활 · 72
자연自然 · 73
사과나무 · 74
옷걸이 · 75

제6부 대춘待春

하얀 오후 · 78
고추 신앙 – 손주와 할머니의 이중주 · 79
어떤 미소 · 80
꽃분홍 사풍沙風 · 81
방황 · 82
저물녘의 잠버릇 · 83
어항 그리고 바다 · 84
대춘待春 · 85
어떤 실존 · 86
행궁을 떠나며 · 87

제7부 평론
「우리 시대의 아버지 찾기」 · 89

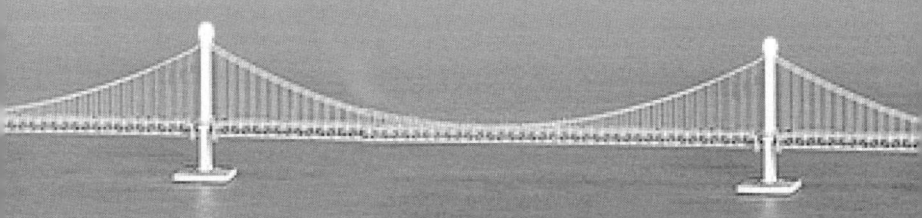

제1부
비가悲歌

사랑하고 싶을 땐 시를 쓴다

누가 나를 시인이라 말했나
사랑하고 싶을 땐 시를 쓴다
길가의 작은 들꽃아 말하라
공중을 나는 새야 들으라
네가 있어 시인은 외롭고
내가 있어 시인은 외롭지 않다

이름 모를 공원에서 비둘기에게 모이를 주는 사람아
울타리 너머에서 보는 우리들의 일상아
말하라, 살아 있는 자의 자유를
너와 나의 진솔한 만남을

네 안에 깃든 말 못하는 사랑
방랑자에게 들어선 사랑의 흔적
내 안에 거니는 사랑을 노래하리라
시인이여, 오늘도 나는
숨기고 싶은 사랑을 꺼내어
햇살과 함께 놀고 싶구나
사랑아 하늘 아래 솜사탕처럼 푸르게
우리들의 사랑을 말해 다오

청어

청어가 바다를 떠났다.
바다에서 묻혀온 흔적을 찾아야겠다.
커다란 어항이 있는 횟집 앞에서
찜이 되어 냄새를 잃어버렸나?
해풍이 저렇게 비린내를 실어오는데
바다에 남겨진 새끼들을 어찌할까.
갈매기가 바람에 실어 보내온 짠 맛에
청어는 고향의 맛을
밤새도록 찾는다.

바다의 무게

해풍을 맞는다.
개펄을 건너온 비린내를 맡으며 산다.
흔적은 참치로 이어지고
두터운 살 아래에 바다의 무게가 실려 있다.

어디를 가나 튀어나오는 텃세와 갑질에
바다같은 마음으로 묵묵히 기다릴 때
겸손과 온유가 자라는 것이다.
당신이 하늘같은 사랑으로 만물을 보는 것이다.

갈대

바람 불어 흔들릴 때도 있다
때론 비에 젖어 산다 해도
이제는 주워 담지 못하는 실수
그래도 뿌린 씨앗이 있어
언젠가는 갈대밭을 보게 되는 거지
땅에 붙은 몸을 감사할 거야
지금은 외로움으로 커 가지만
새롭게 돋아난 새싹이 있어
나무처럼 살고 싶다

연緣

진실의 싹 걸구면서 영원 향한 꿈을 꾼다
사랑하는 이 저만치 떼어 두고 거리를 잰다
마지막 유언을 입가에 조금씩 흘리면서

낮은 바람결에 눈발이 흩날리는 밤
너와 나의 만남은 공허 속에 핀 종이꽃
네 생각 뜻대로 흘러 어느 골을 밝히겠나

엊그제 나무 그늘 때 되면 드리우리
손끝 매운 방황도 이쯤서 잠시 쉬고 싶다
은하수 무리와 함께 우리 서로 만년 인연

신도시 드는 길목에 서서 퍼붓는 눈발을 본다
오늘 따라 어머니의 기도가 골목을 서성이고
나는 또 하늘에 걸린 얼굴에 묵상의 닻을 내린다.

그 해 여름의 추억

꿈의 자투리 햇살이 노닥거리는 시간이여
오랜 가뭄으로 논배미가 드러나고
뜨는 해 구름 뒤에 숨어 긴 빛살을 내린다.

나무들 허옇게 살빛을 열뜨린 채
호수는 조개처럼 별빛 담아 입을 다물고
중년의 거울에 뜨는 천 이랑의 초록별

속이 빈 허울들이 물가를 산보할 때
보슬비는 떡갈나무에 연록의 빛을 달고
바람도 산들바람은 물에 젖어 나부낀다.

그윽한 산그늘의 화폭에 혼이 담긴
황홀은 구름 타고 비늘 빚듯 채색하며
그대의 몸속을 거슬러 찰랑이고

달콤한 입맞춤에 잔을 채워 뜨는 달몸
발레의 몸짓은 밤의 산마루를 넘어
추억의 여름을 이끌고 산을 끌어 앉힌다.

호수 위의 낙엽

나무는 태초의 나체가 된다
나무여,
호수 위의 분신이라 해서 슬퍼하진 마라
그대가 나를 버린 것이 아니라
아담이 이름 짓기 전으로
나를 보낸 것이니
염려하지 마라
오백 년을 한 곳에 머물기보다는
햇살 나고 바람 맞는 곳으로
차라리 숫말 되어 달려 가리라

비록 유형의 땅일지라도
나를 안아 주는 물이 있어
별빛과 이야기의 줄을 대면
늪물로 썩어도 좋으리
구름이 거울에 얹히는 것은
너를 향한 그리움
적셔지는 향수가 있기 때문
실존의 늪
새로운 의미로 만나고
거름이 될 수 있는 자유는
바람처럼 높기만 하다

개펄 위의 낙조

개펄 진흙 위로 해가 가라앉고
비단 치맛자락 날리는
무희들의 반란에
포성도 없이 터진 포화로
불붙은 저녁 하늘은 불바다
파도를 기름삼아
흐르는 대로 둔다

한 해가 저물고
물과 뭍의 접전에
개펄에서 춤추는 무희들은
인공의 무대를 떠나
내일이면 밀물이 된다

고추 잠자리

열음 거친 가지에 내일 위해 앓는 단풍
빈 가을에 경계의 끝을 흐트리며
빗선으로 하강하는
계절의 무게

꿈과 함께 낙엽 떨군
마른 장대의 끝에
물든 듯 잎으로 매달려 사는
평형의 날개

비가悲歌

청량산* 등성이에 비가 내린다
눈물의 현이 옥타아브로 내려오고
산줄기 타고 내려오는 음색이 처량하다
현의 떨림이 한길에 비켜서고
비에 젖은 단내가 잠시 찻잔에 머문 사이
씻어도 씻어도 지워지지 않는
역사의 슬픈 노래가 땅 밑에 흐르고
의지의 바다에 닿아가는
눈물의 꽃으로 남아도 좋으리
아픔 담은 사연과 합주되는 비
망각을 잠시 베란다에 매어 놓고
처절하게 달린다 단풍 속으로

* 청량산: 남한산이라고도 하며, 남한산성이 자리잡은 곳이다.

제 2부
비오는 숲속에서

마을 어귀

오후 세 시의 햇살이 쏟아지면
마을 어귀에선
오래 된 전설이 피어난다

살갗에 와 닿는 여자들의 소근거림
슈퍼집과 세탁집이 싸운 얘기
금녀 아빠 바람난 이야기
고양이가 눈에 불밝히고 엿듣는다

이야기꽃 쌓아 놓은
우리들의 식탁에서
담백한 이야기로 맛있게 쌈을 싸는
아줌마들의 재잘거림이 끝나고
아이들의 숨바꼭질이 잦아든 사이
된장국이 입김 토하며 한바퀴 순례를 한다

마을 어귀는 고요한데
이야기꽃은 밤새
또 야광등처럼 무르익는다

가난한 자의 독백

이문동 이사온 날 택배 기사의 서두름에
몇 며칠을 기웃대다 사람들과 친숙하면
수선공 굵은 안경테에 자식 사랑이 얹히고

어깨 처진 사내들이 사글세방 묻고 가며
전동차의 뒷꽁무니에 정을 뚝뚝 떼어 놓고
어린 소망 뚝 떼어서 사랑가를 불러 보네.

저물면 된장국 냄새 골목을 기웃거리고
빈 박스 찾는 고물 장수의 하루가 녹아드는
역 앞의 양옥집에 또 하루가 저무는데.

설움 삼킨 고요 산그늘에 잠이 들고
역을 통과하는 공룡만한 화물차 위로
하늘 저편에 뜨는 별빛 하나 꿈처럼 머문다네

바둑과 氣

푹신한 나무결 위
바둑알의 멋진 낙점

첩첩이 접힌 마음
빗어내린 수염과 이마

올곧은 기개는 살아
초록 물밑 자맥질.

정중히 응시한 대면
눈동자는 하늘을 덮고

뿌린 씨앗 보기 전에
짜여진 판을 훑는다

서로가 읽어가는 승부수
투시 속의 꽃무늬.

이문동 소견·5
－석탄과 풀

이문동을 떠나면 이문동이 잘 잡힌다.
욕심의 너울은 지붕 위로 날려 보내고
수만 년 떠돌던 바람이 슈퍼쪽을 기웃댄다.

달리는 삶은 늘상 아픔으로 부대끼고
도시의 하소연이 저탄장에 눈을 뜬다
석탄과 풀의 만남이 먼 고향을 훑고 있다.

천리에 이어진 철길 산하는 귀를 세우고
무척이나 외로웠던 언덕 하나 엎드린 채
속이 빈 느티나무 한 그루 묵상하여 서 있다.

비오는 숲속에서

우이동 골짜기에 비가 내리고
산골짜기 내려오는 심포니 5번
안개는 등성이에서 미끄럼타면서
바이얼린 현을 추스린다네
바람은 오늘 따라 기가 죽어서
빗방울 소리만 듣고 있군요

창문 열고 바라보는 비에 젖은 산山
흥분한 낙숫물은 클래식 되어
장맛비의 폭포수가 싫지 않은지
땅 밑으로 숨은 수줍음 찾아
하나 되어 만날 날을 기다립니다

낙상을 염려하는 한 떨기 음악
수백 년 뛰어내린 꿈을 낚으리
비는 물길 따라 도시를 적시는데
저렇게 많은 현을 어찌하리오

상점의 간판들은 만장을 안고

철 지난 장승 되어 울고 있구려
첼로와 하프까지 가세하여서
바순이 걸러내는 도시의 방귀
당신의 입술을 기다리면서
벗겨낸 권태를 떨구렵니다

넉넉한 시인의 훈훈한 입김
당신의 귓바퀴는 낙조가 되고
전등처럼 매달린 꿈의 청춘은
환하게 웃을 날을 기다립니다
하늘과 땅을 잇는 푸르른 선율
계곡의 가랑이를 스쳐가네요

웬일일까

웬일일까 명절날 가족들 다 모였는데
아들의 차를 정성껏 세차하던
어머니의 손길이 보이지 않음은

웬일일까 상에 가득 푸른 반찬이 놓이는데
아들의 안녕을 위해 밤도둑과 겨루던
아버지의 목검이 보이지 않음은

웬일일까 방안에 웃음이 뒤척이는데
동생의 영혼을 위해 밤새워 기도하던
누님의 모습이 보이지 않음은

웬일일까 형제들 식탁에 둘러앉고 웃음으로
맛있게 쌈을 싸는데
폐암에 걸렸다는 누님의 소식이 천정에 떠다님은

웬일일까 상념에 젖은 달은 저만치서 숨을 멈추고
비어 가는 가슴에 노래 한 자락 들리는데
눈 앞의 형제보다 더 짙게 식탁의 빈 자리가 다가옴은

이발소 풍경

고즈넉한 햇살이 문을 두드린다
눈 먼 창문을 넘어서면
[아가의 기도]를 건너
하루치의 손님을 기다리는 여자
고향 얘기를 서러운 밥에 말아 먹고
가죽띠 위로 날 선 칼을 간다

도시의 거품을 걷어낸 후
넋두리의 수염은
여자의 손길에 잘려 나가고
파아란 하늘과 만나는 거울

학벌이 날아가고
이데올로기가 날아간 실내가
바다처럼 가라앉고
거울 위에선
영원의 친분마저
나뭇잎으로 된 치마를 벗는다.

문상問喪

딸아이의 병아리가 봄날의 햇살을 쪼던 오후
'아프지 마세요' 란 딸의 말이 이마를 간질이는데
통풍과 오십견과 고혈압과 지방간이 어깨동무하고 오더니
바람이 엄지 발가락을 찌르고
세월이 어깨에 주사를 놓는데
모래 바람으로 흩어질 몸에
생명의 진액을 흘려 보냈던 청춘이 손 흔들며 지나가고
꽃잎을 엮었던 대궁이가 여행을 떠나려는지
머리채를 잡아 흔드는 황혼의 빈혈 앞에
엊그제 악수했던 묵객(墨客)이 떠났다는 비보
허겁지겁 달려가는 발걸음에 매인 사연
눈물이 말을 하고 공허가 모이를 쪼는데
새싹처럼 일어서는 봄날의 하소연에도
당신의 사연은 영원으로 가는 흔적
마지막 웃음을 항아리에 담으려고
영혼의 집 열쇠를 가슴에 담아가는
우리들의 행보는 바위를 닮나 봅니다

내가 그대를 만나지 않는 것은

내가 그대를 만나지 않는 것은
그대가 미워서가 아니라,
너무도 사랑하기 때문이라오

먼 훗날 시커먼 폭풍우 물러갈 때
푸른 잔디밭에서 당신을 기다리는 꿈을
져버리지 않기 위해서라오

내가 그대를 만나지 않는 것은
그대가 싫어서가 아니라,
고운 이불 아래 고이 싸서
어둠 지나 다가올 풀잎 위의 이슬같은
당신을 보기 위해서라오

부디 나를 버리지 마시어요
비 오는 날 창가에 서서
주룩주룩 내리는 빗방울 보며
당신께 향한 마음 여기 있음을
잊지 마시어요

백만장자가 된 사나이

꽃이 잠시 숨을 고르지만은
아주 죽은 게 아니야
바람이 잠시 숲을 떠나지만
아주 떠난 건 아니야
대나무 마디 마디 기어오르는
저 고독한 성장처럼
나 여기 잠시 나무에 기대어
햇살처럼 찾아올 당신을
기다릴 거야
백만 장자가 될 거야
저 화사한 풍경을 좀 보아

기억 저편

툇마루에 앉은 구름 한자락 아지랭이를 불렀다.
춥고 배고픈 이야기 뽕나무를 기어오르고
기억의 저편 잔가지에 장음長音 하나 살린다.

제 3부
이삿짐을 싸면서

산과 포구

산이 다가와 내게 감춘 비밀을 묻는다
난 산을 훔쳐보며 엿듣는 거라 말하였다
산과 나 바다는 한 끈 속 출렁이고 있었다.

산이 작은 도시의 바다를 내려다본다
늘 고여오르는 열기에 숨을 헐떡인다
묵묵한 그의 마음자리 새가 되어 나는 비늘.

벌레의 울음소리 산을 가득 덮는다
수도자는 비질로 울음을 쓸어 담고
그래도 남는 밀어를 혼자 안고 듣는다.

산이 다가와 귓속말을 전하고 있다
입술에 묻어나는 이끼같은 산내음이
달고도 오묘한 물빛 해동갑을 하고 있다.

노을

언덕 위의 해 아래로 한물간 일상이 익어가고
빠알간 노을이 산 위에서 거룩한 노래가 된다

구름을 말아 먹고 내려온 햇살이
작은 너와집을 싸고 앉아도

배따라기 주워 담는 황소의 눈자위엔
신화를 삼키고 떠난 구름이 너울댄다.

전설이 내려놓는 한숨 한 포대기는
긍정으로 새기는 풀피리에 날아가고

산새가 왜 나는지
뻐꾸기가 왜 사는지

나는 너의 바다에 와서야
치어 리더가 된 일상을 내려놓는다.

변기 위에서

어쩌다 변기에까지 왔다
삶의 막장에서 얻은 한 웅큼의 자유
광인과, 창녀와, 노숙자가
대리석으로 무장한 빌딩의 중심에서 배설한다

체내의 온기를 지닌 아바타는
생존의 비밀을 간직한 채
도시의 하수구로 달려간다

벼룩도 생존의 법칙은 있는 법
만민에게 공평한 자유가
저마다의 생존을 지지한다

세상의 모든 식객이 살아서
한 평 남짓한 행복을 공유하는데
언어가 배설 앞에서 움츠려 들고
세 뼘의 자유는 기특하기도 하지

변기 위에서 나는
세상의 오만을 버리고

배설 한 웅큼 날려 보낸다

지하수에 흐르는 배설이
혼돈의 광야에서
별똥별의 별과 살을 비비는 날
새의 흔적을 받는 저 나무의 온기에는
어제의 배설이 생기를 꿈꾸는 것이다.

골목길

골목길엔 한가한 미로가 많다
끈적끈적한 정을 대문간에 붙이고
주차 구역의 정해진 행보 앞에서
후덕한 마음을 촘촘히 엮는
약국 아주머니의 수다에 녹는 동네 사람들
세상의 무딘 소식이 미끄럼을 타고
잘난 사위 강남 갔다고 너스레를 떠는
자전거포 주인
거리에 나선 이웃이 이래저래 살아가는
푸른 하늘에 띄워진 외로움
씽씽 달리는 자전거의 짐칸 위에서
장바구니가 시원한 낮잠을 자는 사이에
행복을 전하는 배달꾼의 오토바이가
휘파람처럼 골목을 휘젓는다

어시장

만선을 알리는 뱃고동 소리 들리고
포구로 들어오는 작은 배 하나
밀려오고 밀려가는 사람들 사이에
등푸른 생선들 함지박에 옮겨지고
자연을 묻혀온 생물 하나하나에
상인들 고객 부르는 레테르를 붙이고
세상 물정 모르는 흑두루미 한 마리
실루엣으로 다가선 그리움 있어
밀물처럼 왔다가 썰물처럼 빠져나가며
당신의 넓은 품을 기다립니다

낙숫물과 명상

낙숫물이 떨어진다 사랑의 귀울림이
기다림 포근히 적시는 내 마음의 하수구
이문동 삼층 다락에서 경이 음성 듣는다.

미감을 향한 갈구 멀리서 또 가까이서
괴로우면 괴로움을 꿰고 있는
어머니 젖은 음성에 빛이 쌓여 가고 있다.

바다

바다 앞에 서면
할 말이 없어진다
내가 울면 따라 울고
내가 웃으면 따라 웃는다
바다는 늘 수만의 백마에
백련白蓮 가득 싣고
그대 향해 간다.

도시와 아이

도둑이야 소리치면 바보가 되는 도시
걸망 지고 오솔길로 차마 들지도 못해
어설픈 미망의 순수 말뚝에다 묶고 있다.

산과 산이 이어진 우뚝한 등성이에
햇빛은 그런 곳에 내려앉아 노닥거리고
단단한 고백의 숲에 머리 풀고 살고 싶다.

혈색 좋은 아이의 부라리는 저 눈망울
모든 것이 가능한 만물상을 띄워 놓고
후미진 그늘을 오르며 산의 흉내 내고 있다.

이삿짐을 싸면서

이사하는 날
철학의 조각을 떼어 낸다
죽음을 나그네가 회귀하는
집이라 했지만
나는 가야 할 집이 없다
퓨전의 아파트가 있긴 하지만
본성을 잃어 버린 나무와
잊혀진 광물의 흔적으로
먼 데서 들리는 새소리 뿐
그래서 집은 없고
가구만 있는
이 짐들을 어찌할까?
꽃잎이 지고
잎들은 낙하를 서두르는데
이삿짐이 갈 곳은 없다
요즘 같은 세상에

빈 집 後記

　　새벽마다 어머니는 아버지의 손등을 꼬집었다. 아버지의 손끝에는 빠알간 찔레꽃이 피어났다. 해무처럼 궁시렁거리는 소리가 하얀 꿈결을 타고 지나가고 출세하여야겠다는 청춘의 욕망이 내 거시기에 용두질을 해댔다. 42년의 퇴직 생활을 마감하고 얻은 아버지의 퇴직금은 그의 친구인 척 가장한 사기꾼에게 몽땅 날아갔다. 밤마다 아버지는 이력서를 끄적거렸지만 아픈 몽상은 오후가 되면 물거품처럼 사라져 갔다. 종이짝 앞에서의 한숨은 빈 구들장 앞에서 콜록거렸다. 석유 파동으로 석유 난로는 언제나 풀이 죽었고 해가 성냥갑 방을 기웃거리면 독일에 간 누나가 보내 준 작은 청바지를 꿰입고 나는 아버지가 책장에 숨겨 놓은 비상금을 바람과 함께 집어든다. 한때 이백 마지기 지주였던 아버지의 뒤주는 고물상에 단돈 사천원에 팔려 나갔다. 모처럼 거금을 손에 쥐고 아버지는 지하실에서 하루종일 흥얼거렸다. 밤이 되면 처녀티가 묻은 누나는 목욕탕비를 아끼려 수돗가에 알몸으로 나앉았고, 앞집 사내는 지붕 위에 몸을 숨기고 고양이처럼 목을 내밀었다. 어머니가 던진 대야 소리에 좁은 마당이 모처럼 한가로워지자 세든 남자가 영하 20도를 오르내리는 한기에도

찬 물로 머리를 감았고 어머니가 건네준 더운 물 한 바가지는 따뜻한 온기로 마당을 푸르게 적셨다. 다음 날이면 성냥곽 모양의 이층집 위에 햇살 한 조각이 다시 노닥거렸다.

 세월은 비수처럼 흘러 빈 집엔 고층 아파트가 들어섰고 양지 바른 거실에 아버지는 없었다. 나 또한 언젠가는 이 집을 떠날 것이다. 빈 집이여 잘 가라.

제 4부
그곳에 가면

그곳에 가면

그곳에 가면
내가 그토록 원하던 은銀을 구할 것이다
봄내 향긋한 마음의 옷을 입혀
세상을 감쌀 빛을 낼 것이고
시대의 상처를 보듬는 도금을 하리
적당한 흙과 공기를 넣은 화분에
꿈꾸는 영혼의 나무를 키우리

거기서 너를 울리는 열매 한 점 얻어
추억의 꽹과리를 울리고 싶은 날
멀리서 찾아오는 손님과 함께
힐링 힐링 하며 그 숲으로 갈 것이고
개울가에 너와 내가 다정히 앉아
우리들의 고민을 씻어 말릴 것이고

일상의 권위를 바위 위에 내려놓고
시냇물 비켜가는 시를 지어서
너와 나의 악연惡緣을 날려 보내고
시가 있어 행복한 젖을 짜는 너에게
맛있는 이야기를 쌈을 보태리
잘 가라 비릿한 공기가 되어 버린 도시의 후각이여!
외로움의 감옥에 갇힌 너의 차가운 손이여!

수정꽃

과수원 지나 밀밭길
강으로 가는 작은 통로

통나무로 만든 다리
두근대던 서로의 만남

둘이는 하늘과 땅의
알 수 없는 수정꽃

수락산 새벽길

숲에 안긴 아파트 몇 채 쭈뼛쭈뼛 아침 인사

도시를 묶는 설화雪花 그건 차라리 눈물이었다

수락산 새벽길에 찍힌 크고 작은 두 발자욱.

어머니의 기도

골목길을 나서는 나에게
기도가 따라왔습니다.
햇볕이 따라오며
산마루 아래로 펼쳐진 길 위로
정감을 뚝뚝 떨어뜨립니다.
가을의 스산한 바람도 가던 길 멈추고
사랑에 젖은 목덜미를 감싸며
따사롭게 맴돕니다.

어느 설날

설에는 구름 한 조각 슬픈 연가로 날린다
오고 가며 부딪는 설움의 접시 위로
어머니의 외로운 미소가 백마 타고 가고 있다.

노을을 사랑하다 떠나가는 버스처럼
기름진 바다와 줄무늬 논둑 사이
낙향한 어머니 오시는지 소슬바람 오고 있다.

어머니의 손

교회에 다녀오는 좁은 골목길
구멍 가게 밖으로 빼꼼히 얼굴 내미는
고구마 다섯 대접과 옥수수 세 무더기
고구마 담는 고색枯色의 할머니 손
엄마 손을 닮아 머무는 발걸음에
할머니 손이 따라나서고
눈물 한 방울 찍어 놓은 삶의 궤적과 함께
손의 흔적을 달아 집으로 오는 정중한 발걸음
아내는 고구마가 웬일이냐며 의아한 표정이다
침묵으로 지나치며 안방에 모셔진 손의 흔적 위로
어머니의 미소가 그네를 타고
나는 자꾸만
어머니 닮은 손을 좇아간다

나에게 온 섬

섬에 와서야 알았다.
도시의 먼지가 썰물처럼 빠져나갈 수 있음을
약수터에 와서야 알았다.
내 몸에 더러운 냄새가 배어 있음을
섬에 와서야 알았다.
아직도 나에게 황금이 남아 있음을
상처를 어루만지며
나를 연단시킬 사랑이 남아 있음을
섬에 와서야 알았다.

머나먼 섬 · 1

머나먼 섬
아지랑이 피어오르고
물안개 살랑거리는 섬
육지와 멀리 떨어져
분지에 담아놓은 빗물로
생명수를 낳고 낳는 섬
평화를 사랑하는 사람들 모여
사랑을 나누자 우리

머나먼 섬 · 2

당신의 자녀이기에 생긴 상처에
기다리고 기다립니다
어차피 거쳐야 할 아픔이기에
닦고 또 닦습니다
당신과의 동행이기에
오늘의 연단은 축복입니다.

송전탑

선유도 개펄 위에
돌아오지 않는 수신호로
해무에 실어
보내고 보내어도
돌아오지 않는다
땅을 향한 바람과 너울을 따라
나의 아픔을 대신한 당신의 위로가 있기에
바다의 묵언으로 너그러움 달래며
배려의 섬 하나
탑으로 이어져 가을을 넘긴다

제 5부
달빛과 신화

전주 기행

한벽루 아래서 나는
떠나보내야만 채워지는
물의 소리를 들었다.

한옥 마을 거닐며 나는
빛의 소리를 비우고 꿈의 감동을 채우는
가야금 소리의 비밀을 물었다.

덕진 호숫가를 돌며 나는
별빛 끌어모아 사랑의 사금파리 날리는
어머니의 하소연을 품었다.

비워내야만 풍족해지는 비결을 모른 채 나는
50년 전 중앙동 영화의 거리를
걷고 또 걸어 왔던 것이다.

호수의 동화

밤이면 검은 물 위로
수억 년 길어온 별꽃이 떠올랐지요

해맑은 별들 옆에서 연꽃은
새벽의 단잠을 향해 몸을 웅크리고

오목대 터널 지난 기찻길 옆엔
추억의 느티나무가 묵상하며 서 있지요

행복의 폭죽을 터뜨리는 호수의 몸통에서
욕망의 너울을 벗는 사람들

한 해의 피부병 막는 먹을 감고
가야금 소리 나는 정감의 한옥 마을과

천 년 묵은 객사의 흔적 위로
태초의 구름과 함께

묵음으로 달리는 지빠귀새 한 마리
그대 중심을 신나게 넘어가지요

낙조와 달빛

그 옛날 달빛 속에
서방정토를 읊었었다

잔뜩 굳은 보도 위로
구세군의 야윈 종소리

엘리 엘리 라마 사박다니*
묵음默音 하나 다가선다.

　　* 엘리 엘리 라마 다박사니: 나의하나님 나의 하나님 어찌하여 나를
　　　버리셨나이까(마태복음 28:46)

달빛과 신화

산에 부딪는 구름이 이마에 와 닿는다
먼지 낀 지빠귀새 숲의 가슴을 더듬으면
아이는 산을 베고서 산의 품에 안긴다.

웅녀의 신화가 풀밭을 걸어나오고
동명왕 화살이 새처럼 날아갈 때
고요의 바다엔 가야금 뜯는 소리 들린다.

아침 맞기

향아 빗장을 열고 저 비질을 보려무나
새벽의 목어는 백 년을 또 헤엄치고
뜨락이 껍질을 벗고 맑은 혼으로 걷는구나.

고요를 밟아 오르는 저 새벽의 숱한 얼굴
청순한 풀내음이 골을 타고 내려온다
풍요의 나팔을 불고 있는 아침 해의 억만 화살.

밀어密語

네 얼굴이 여러 겹으로
다가서는 근황이다.

십자가 아래를 빠져
우리 한 번 눈을 뜰까

해맑은 너의 고해성사에
나 또한 구름이 된다.

부활

세상에 다음 세상에
죽은 영혼 다시 산다면

별처럼 나비처럼
하늘과 땅이 춤을 춘다면

그것이 정말 개벽이라면
시詩도 쓸모없겠다.

자연自然

도둑이야 소리치면 바보가 되는 도시
걸망 지고 오솔길로 차마 들지도 못해
어설픈 미망의 순수 말뚝에다 묶고 싶다.

산과 산이 이어진 우뚝한 등성이에
햇빛은 그런 곳에 앉아 노닥거리고
단단한 고백의 숲에 머리 풀고 살고 싶다.

혈색 좋은 아이의 부라리는 저 눈망울
모든 것이 가능한 만물상을 띄워 놓고
후미진 그늘을 오르며 산의 흉내 내고 있다.

사과나무

수많은 습작이 길가에 떨어진다
가지치기가 안 되어서였나
맛없고 작은 열매가 되어

내년 봄을 기다리며
가지치기 준비하라는
저 햇살의 따끔한 충고

옷걸이

딸아이가 남기고 간 흔적
대를 이어 취향 닮은 하얀 옷들 걸리고
행복한 나들이를 위해 도열한 저 삶의 궤적 앞에
정情 한 톨 남아 있어
살려 달라는 수신호를 보낸다.

제 6부
대춘待春

하얀 오후

서늘한 기운 뚫고 햇살이 내려앉는다
기도 위에 내려앉는 햇빛도 깃을 달고
꽃마을 차 끓는 소리에 이승이 다시 몰린다.

한낮에 눈을 뜨는 솔바람이 산을 내리면
그늘진 창가에 번지는 천사의 밝은 여운
동백의 눈발을 어루며 수녀님이 하산한다.

고추 신앙
- 손주와 할머니의 이중주

도시로 간 큰 손주 바라보던 고갯마루
황토길의 빈 버스 기대 반 설움이 반
끈 이을 고추 농사에 역한 바람이 분다.

비닐을 깔아놓은 밭이랑의 아지랑이
시름 섞인 종묘는 자라 거기 달린 빠알간 고추
그 환한 재롱에 달군 할매 가슴 마구 뛴다.

어떤 미소

오대산 계곡에 들어선 스승의 눈자위엔
계절의 향기 배인 환한 웃음이 서려
걸쭉한 토속주 몇 잔에 툇마루가 기울었다.

먼지 낀 다락에서 질화로 꺼내 놓으시고
천 년 고도古都의 기품이라도 엿보시려나
기적 소리 먼데 정다운 음성이 뒤를 따른다.

꽃분홍 사풍沙風

황해의 마파람에 눈이 질근거린다
쇠붙이 묻은 꽃가루 잎사귀 무성한 독감
한반도 하늘을 덮은 저 꽃분홍 분진.

나무끼리 몸을 섞고 사람 또한 살을 섞는
아담과 이브로 누리는 이 땅의 춘곤증에
오늘은 눈 먼 낙진이 태백준령을 넘고 있다.

방황

미친 하늘에선 신들의 장난이 펼쳐진다
화투장 어른거리는 낮과 밤이 끈을 잇고
언어의 장단은 언제나 삶의 막장을 치달았다.

셋 더하기 셋은 여섯이자 하나라는 시詩
꼭두각시 인형들의 굿거리 장단 속에는
언젠가 피어날 화롯불이 꿈틀대고 있었다.

가야 할 길 위에 뜬 어설픈 구름 한 자락
사냥할 고기를 찾는 매의 부리 끝에도
때로는 신의 입김이 잠시 서려 있었다.

저물녘의 잠버릇

저무는 황혼녘에 꿈을 꾸는 이부자리
수억만년 살아온 바람의 꽃무늬도
잠깐 든 풋잠에 얽힌 형체없는 물음표.

이제는 사랑하는 이에게 편지를 쓰고
신들메를 준비할 시간을 넌지시 짚어 본다
지나간 여름은 무더웠다 고백이나 해야겠다.

바람은 하늘 아래 소리 무늬 짜고 있고
갈 길을 손짓하는 무언의 너를 떠나
이제는 비밀한 꾀잠을 잠시 자고 싶었다.

어항 그리고 바다

날렵한 열대어를
고기들 사이에 놓았다

네가 살아야만
나도 살 것 같은 예감

바다엔 상어 한 마리
송곳니를 드러낸다.

대춘 待春

네가 떠난 그 자리에
깃을 접은 연록의 꿈

지난 겨울 기러기 떼
서걱이던 백합 향내

위례는 청량산 허리에
봄을 묶고 있었다.

어떤 실존

산에 산이 들에 들이 가만히 들어앉는다
바람이 바람 소리에 깊숙이 들어박히면
목어의 울음이 고물개로 하늘의 별을 훑고 있다.

행궁을 떠나며

행궁은 비어 있다. 구름처럼 떠나간 사람들 어디 있는가. 명분과 실리를 오가는 논쟁이 뜰에 낙화처럼 흐르는구나.

한때의 '충효'는 사어死語가 되어 저 산들바람과 함께 가라앉았다. 내일이면 또다시 출발하는 역사의 흔적에 푸른 시상을 얹는구나.

행궁은 비어 있다. 구름처럼 떠나간 사람들 죽음 딛고 끈기로 일어선 사랑이 뜰에 바람 되어 흐르는구나.

지나간 전설이 내일이면 또다시 만날 수 있는 희망에 부풀어 푸른 세상을 담아 보내는구나.

□ 비평

우리 시대의 아버지 찾기

우리 시대의 아버지 찾기

1. 오이디푸스의 부친 살해

'아버지'는 한 시대의 윤리적 권위를 상징한다. 가부장제 사회에서의 아버지는 가장으로서 자녀들의 윤리적 잣대가 되는 근엄을 유지하였다. 근대로 들어오면서 아버지는 전후의 폐허와 가난을 극복하는 근면한 직업 의식을 가진 산업 역군이었다. 아버지는 가정에서 가족의 생계를 책임지는 근면한 사나이였고, 아라비아의 사막에서는 모래바람과 열기와 고독을 극복하는 의지의 사나이였다. 1980년대 신군부 권력이 들어서면서 아버지는 가족의 생계를 책임지면서 민주화 항쟁을 하는 이중적 짐을 져야 했다. 민주화 투쟁을 하면서 신군부 독재 권력에 저항하였지만, 권력에 항거하는 젊은이에 비해 가족의 생계를 책임져야 하는 아버지는 안일로 비쳐져 그 권위도 많이 실추되었다. 그것은 신군부 독재 권력이 '아버지' 행세를 하며 권력을 유지하는 등 정의 사회를 구현하는 것처럼 위선적인 행동을 한 데에 원인이 있었다. 그리하여 '아버지'는 독재 권력을 해체하고자 항쟁하는 진보 세력에 의해 무능한 존재로 오인되기도 하였다. 아버지의 권위가 양의 가죽을 쓴 신군부 권력으로 인해 무너져 내린 것이다. 이는 오이디푸스 신화에 나오는 주인공의 부친 살해를 생각나게 한다.

태어나면서부터 아버지에게 버려져 양부모 밑에서 자랐던 오이디푸스는 여행을 하다가 시비 끝에 사람을 죽였는데, 그가 바로 자신의 친아버지인 라이오스왕이었다. 오이디푸스는 괴물을 퇴치한 후 왕비와 결혼하였는데, 그녀가 바로 자신을 낳은 어머니였다. 그는 테바이라는 도시에 염병 등의 재앙이 닥쳐 그 원인을 추적하는 과정에서 자신이 아버지를 죽였다는 사실을 알게 된다. 그는 예언자와 친척과 증인을 만나 자신의 부친을 살해한 자를 추적하는 과정에서 자신의 부친 살해와 근친 상간을 알게 된다. 그는 부친 살해로 인하여 "죽은 아버지가 더 강력하게 오이디푸스의 삶을 지배"[1]하게 되었다.

1980년대 이후 등장한 신군부 권력에 대한 시인들의 저항은 사회 정의를 가장한 위선에 대한 반감이었다. 정통성이 없는 정치 권력에 대한 '독재 정권 타도'를 외친 민중은 1987년 6월 항쟁을 통하여 민주화의 칼로 독재 정권을 무너뜨렸다. 그러나 부정한 권력이 해체되는 과정에서 신세대는 자신도 모르는 사이에 '아버지'로 상징되는 기성 세대의 권위도 '살해'하고 말았다. 민중은 한국 사회에서 민주화의 결실은 얻었지만 '아버지'의 상실감 - 기성 세

---

[1] 슬라보예 지젝, 김소연·유재희 옮김, 『삐딱하게 보기』(시각과 언어, 1995), 58-59쪽. 그렇다면 진정한 쾌락을 위해서 여자에게 접근하는 것을 방해하는 부친을 살해하면 어떻게 될까. 부친 살해가 여자에게 접근하는 데 있어서 장애를 제거함으로써 금지된 대상을 충분히 즐길 수 있게 하여 줄까. 그렇지 않다. 오히려 그 반대다. 죽은 아버지는 살아 있는 아버지보다 더 강력한 것으로 밝혀진다. 부친 살해 후 죽은 아버지는 아버지의 이름으로서, 즉 금지된 쾌락의 열매에 대한 접근을 결정적으로 가로막는 상징적 법의 대리자로서 다스리는 것이다.

대의 도덕적 권위에 대한 상실의 경험- 도 맛보았다. 그것은 기성 세대가 가지고 있던 '아버지' 이데올로기의 상실을 가져왔다. 그러나 기존의 '아버지'에 대체할 만한 새로운 '아버지'를 정립하지 못하고, '아버지'로 상징되는 부친만 살해한 채 '아버지' 상실로 나타나기도 하였다. 이를 극복하기 위해서 시인들은 새로운 아버지 이미지를 모색하여야 했다. 이것이 우리 시대를 살아가는 시인들에게 부여된 과제였다.

2. 1980년대의 '아버지'

1970년대 한국 사회는 '고도 경제 성장'이라는 담론을 낳았다. 고도 경제 성장은 한편으로 부동산 투기, 빈부 격차의 심화 등의 부작용과 함께 퇴폐 산업의 발달로 인한 전통적 가치관의 혼란을 가져왔다. 이때 시인들이 선택한 담론의 하나가 서정성의 확보였다. 시인들은 자연이나 인간에 대한 서정성을 견지함으로써 담론을 통한 '아버지' 역할을 하고자 하였다.

그리하여 1970년대에는 인간과 자연에 대한 서정성과 현대적 심상을 결합하려는 서정시 계열과 현실적 반응을 중시한 참여시 계열의 시들이 나타났다. 1980년대가 되면 민중시와 모더니즘시가 두드러지면서 "서정시가 필요 이상으로 평가 절하"[2] 되면서 기존 시의 전통성을 부정하는

---

2) 오세영 편, 『한국현대시사』(민음사, 2012), 479쪽.
   오세영, 「리리시즘의 회복과 서정시 - 1980년대 후반의 시단 풍경」, 『우상의 눈물』(문학동네, 2005) 참조.

'부친 살해'의 과정을 겪게 된다. 이는 민중에게 압박을 가하는 신군부 독재 권력에 대한 직선적인 저항과 함께 노동자 등 소외된 존재를 부각시키는 '아버지'의 해체가 나타났다. 이때 '아버지'는 전통 사회의 윤리적 권위를 상징하였으나, 민중의 독재 권력에 대한 해체를 주장하면서 '아버지'의 위상도 무너져 내렸다.

> 학살의 원흉이 지금
> 옥좌에 앉아 있다
> 학살에 치를 떨며 들고 일어선 시민들은 지금
> 죽어 잿더미로 쌓여 있거나
> 감옥에서 철창에서 피를 흘리고 있다
> 그리고 바다 건너 저편 아메리카에서는
> 학살의 원격조종자들이 회심의 미소를 짓고 있다
>
> 당신은 묻겠는가 이게 사실이냐고
>   - 김남주,「학살 3」부분[3]

김남주는 명징한 일상어로 신군부 독재 권력에 대하여 강렬한 적대의식을 직선적으로 표출하였다. 이는 1980년대에 나타난 '아버지' 해체와 무관하지 않다. 20세기 전반기의 식민지 현실, 후반기의 분단의 연속, 신군부 권력의 독재, 근대화 과정에서의 기존의 가치관 상실 등이 맞물려

---

[3] 오세영 편, 전게서에서 재인용.

1980년대 한국 사회에는 기성 세대의 윤리 의식과 권위를 상징하는 '아버지'가 상실되는 트라우마를 경험하게 된다. 특히 신군부 권력의 독재는 지배 세력과 피지배 세력 간의 극한적인 대립 양상을 빚으면서, 기존의 가치관이나 윤리적 권위를 상징하는 '아버지'의 권위가 와해되는 극단적인 현상으로까지 치달았다.

그리하여 "1980년대의 진보적 시인들은 해체라는 충격 요법으로 양식을 파괴하고 곧바로 해체의 양식화를 시도"하였다. 해체의 징후는 여러 시에서 나타나는데, 이성복은 아예 부권에 대한 모독적이고 불경스런 태도를 보임으로써 유교적 가부장제의 질서에 길들여져 있는 우리의 의식에 충격을 주었다. 이성복의 시가 내뱉은 "아버지, 아버지… 씹새끼, 너는 입이 열이라도 말 못해"(「그해 가을」) 같은 구절에서, "아버지는 현실 위에 군림하는 지배 체계와 이념의 상징이고, 세계를 지배하는 권위와 우상의 상징"이 되었다. 그 아버지가 "권위가 땅에 떨어져 형편없이 짓밟히거나 아주 무력한 존재"[4]로 나타난다. 1980년대에 '아버지'로 상징되는 부권은 민중을 압박하여 현실을 움직여 나가는 지배 세력이며, 신군부 독재 권력에 순응하며 살 수밖에 없는 기성 세대다. 이성복은 이러한 아버지를 모독하며 해체를 선택하였다. 그의 해체는 시 형식의 해체를 넘어 기존의 이념과 가치관의 해체를 목표로 하였다. 박남철은 거침없는 비속어와 형태 파괴적 시형식으로 "무사 안일주의에 매몰되어 있는 중산층의 반성 없는

---

[4] 장석주, 『20세기 한국문학의 탐험』 제4권(시공사, 2009), 480쪽.

기만적 교양주의에 대한 증오와, 도덕적 엄숙주의가 그 내면에 감추고 있는 위선과 거짓에 대한 통렬한 야유"[5]를 보내었다.

> 내 시에 대하여 의아해 하는 구시대의 독자놈들에게→차렷, 열중쉬엇, 차렷,// 이 좆만한 놈들이…/ 차렷, 열중쉬엇, 차렷, 열중쉬엇, 정신차렷, 차렷, ㅇㅇ, 차렷, 헤쳐 모엿!// 이 좆만한 놈들이…/ 헤쳐모엿.//(야, 이 좆만한 놈들아, 느네들 정말 그 따위로들밖에 정신 못 차리겠어. 엉?)
>
> － 박남철, 「독자놈들 길들이기」 부분

박남철의 해체 시학은 야유와 비아냥거림의 현실 모독이다. 그는 해체의 정신에 길들지 못하는 '구시대의 독자놈들'에게 가차없는 욕설과 야유를 퍼붓고 얼차려를 준다.

이렇게 볼 때 1980년대의 해체는 기존의 '아버지'에 대한 모독과 야유를 통하여 1980년대 신군부 권력에 대한 저항의 수단으로 작용한 것을 확인할 수 있다. 그러나 '아버지' - 기성 세대의 권위나 윤리 의식 -에 대한 모독과 야유만이 불의한 현실을 개선할 수 있는 것은 아니다. 부친 살해는 자칫 우리 사회에 내재하여 있는 전통적 윤리 의식과 권위를 해체시켰지만, 그에 대체할 만한 새로운 대안을 제시하지 못하였다. 또한 부친 살해는 신세대가 가지고 있던 기존의 '아버지' 상징을 흔들 수 있으며, '아버지'가

---

5) 상게서, 487쪽

없는 사회는 불행해질 수밖에 없는 것이다.

3. 1990년대의 '아버지'

1990년대는 세계사적으로 동구 사회주의의 붕괴, 소련 사회주의 체제의 붕괴 등의 지각 변동이 일어났다. 또한 국내에서는 1980년대의 신군부 권력에 저항하는 거시적인 문제 의식에서 보다 일상적이고 미시적인 문제 의식과 아울러 시적 관심이 다원화되었다. 군부 독재 정권의 종식과 탈냉전 체제에 대한 자본주의적 경제 성장, 첨단 정보화 과정과 1997년의 IMF 경제 위기 등 삶의 근본적인 양식을 흔들 만한 커다란 변화는 시의 양식에도 변화를 가져왔다. 대중 문화 산업의 변화로 문화적 여건이 변화하자 개인은 방향감을 찾아야 하는 실존의 벽에 부딪혔고, 시쓰기의 위상도 달라져야 했다. 우선 탈이데올로기적인 시적 상상력과 방법론이 가치관의 혼란에 따른 시적 주체의 정체성 혼란과 시적 언어의 진정성에 대한 의문과 함께 담론으로 자리잡았다. 그리하여 1980년대 근대의 합리주의적 이성과 '아버지'에 대한 모독과 환멸은 기존의 가치관을 허물고 새로운 '아버지' 상을 구축하지 않으면 안 되었다. 그것은 기존의 '아버지'가 금기시하였던 욕망에 대한 새로운 해석과 함께 실재實在 - 진리가 있다고 가상한 세계 - 로 나아가기 위한 틈이나 구멍을 찾아나서는 작업이었다.

1990년대 이후 '아버지'의 해체와 부재不在는 주체의 결핍을 가져왔다. '주체는 결핍이요 욕망은 환유'라는 라캉의 논리는 젊은 시인들을 중심으로 새로운 시쓰기의 한

형식으로 자리잡았다. 이들의 시에 드러난 욕망은 '기존의 모든 관습적 코드와 구조를 거부하기 때문에 반사회적이지만 공공의 집단적 의미에 대하여 개방적이기 때문에 사회적'[6]인 담론이 되었다.

 너를 둘러싸고 있는 벽은 고요하다. 하지만 벽을 더듬
지 말아라.

 벽에는 도끼가 있다. 벽을 따라 흘러다니는 벽처럼
고여 있는 도끼가 있다.

 벽에서 도끼를 꺼내라.
 도끼는 부순다. 부술 때 내는 소음을, 부술수록 커지
는 소음을, 부서지는 존재의 비명을 부순다.
    - 이수명, 「벽을 바라보는 눈」 부분[7]

 이수명은 벽을 부수는 놀이를 한다. '벽'은 기존의 편견이나 사회적 금기를 상징한다. 이러한 의미에서 그녀는 해체의 놀이를 하고 있다. 이는 8,90년대를 거쳐오면서 '아버지'의 해체를 통하여 터득한 결과물이다. 80년대에 시인들은 '아버지'에 대한 모독과 환멸을 통하여 진정한 '아버지'를 찾아나섰고, 90년대 이후에는 자아 중심의 주체를 해체하면서 주체·타자·욕망을 활용한 실재 찾기에

---

6) 이광래, 『해체주의와 그 이후』(열린책들, 2007), 198쪽.
7) 이수명, 『고양이 비디오를 보는 고양이』(문학과지성사, 2004), 50-51쪽.

나섰다. 그러나 80년대에 무너진 '아버지'의 권위는 쉽게 세워지는 것이 아니었다. 한국 사회에는 21세기에도 분단 현실이 지속되고 있고, 진보와 보수 세력 간의 갈등도 깊은 골을 이루고 있다. 이와 같은 경계는 제대로 된 인지를 요구한다. 80년대 후반에 신군부 독재 정권의 허상이 밝혀지고, 90년대에 동구권 사회주의 국가들이 붕괴되면서 포스트모더니즘 담론과 함께 쏟아져 들어온 해체와 욕망의 담론은 우리 사회에서 이데올로기의 경계가 허구적인 것임을 인지하게 하였으며, 일상의 소중함이 감지되면서 사물에 대한 기존의 편견과 사회적 금기를 해체하는 과정으로 나아갔다.

4. 2000년대의 '부친 살해' 은유

2000년대가 되면 기존의 해체 방식이 보다 엽기적이고 극단적인 형태로 나타난다. 이는 기존의 시에서 다루었던 미의 편향성에 대한 전복을 꾀하는 데서 나타난다. 곧 미와 추, 천사와 악마, 현실과 환상 등 이항 대립항보다는 실재를 추구하는 쪽으로 방향을 선회하게 된다.

더럽게 재수 없는 수태고지
초장부터 똥 밟은 나는

아침 저녁 살충제에 제초제를 섞어 마시고
줄담배를 피우며 수음을 하네

(내 눈이 걸려보지 않은 임질이라고는 없지만, 내 입이 걸려보지 않

은 매독이라곤 없지만)

  징글맞게 재수 없는 수태고지
  구역질 구역질 애도의 헛구역질

  성부와 성자와 성신의 이름으로

  한번 박혀볼래?
  박아줘?
  더럽게 지분거리는 벌건 십자가의 이름으로 나는 내 자궁에 불을 지르고
  그 불길에 담배를 붙이네
                          -김언희, 「더럽게 재수 없는」 전문[8]

 권혁웅은 이 작품에 대하여 "동정녀 잉태라는 기적을 전하는 천사의 방문 이야기"[9] 라고 하였지만, 이는 음탕함과

---

8) 권혁웅, 『시론』(문학동네, 2012), 589-590쪽에서 권혁웅은 김언희의 「더럽게 재수 없는」을 다음과 같이 분석하였다.
  " '수태고지' 사건이 있다. 동정녀 잉태라는 기적을 전하는 천사의 방문 이야기다. 시인은 여기서 그 이야기의 현실적 측면만을 떼어낸다. 처녀가 애를 뺐다. 재수없게! "초장부터 똥" 밟았다! 유산을 위해 애를 써보지만(2, 7연), 사실 내 눈과 입은 진즉에 임질과 매독에 걸렸다. 내가 받아들인, 받아들여야 할 세상이 이미 더럽혀져 있었다는 얘기다. 십자가 사건과 성교의 동일시에서(6연) 이 독신瀆神의 음화는 절정에 이른다. "한 번 박혀볼래?/박아줘?" 십자가가 성기처럼 벌겋게 달아올랐다고 주체는 말한다. 종교에서 가르치는 구원의 역사가 개별자들에 대한 겁탈과 간통에 불과하다는 풍자다."
9) 상게서, 590쪽.

비평

함께 '아버지'를 살해하는 부친 살해에 해당한다. 이는 독자가 작품 밖에서 화자의 비뚤어진 시선을 들여다 보는 극적 아이러니의 방식을 취하고 있지만, 기존의 편견을 해체하는 '부친 살해'에 해당한다. "성부와 성자와 성신의 이름으로"라는 권위를 음탕함("한번 박혀볼래? 박아줘?")으로 깔아뭉개는 태도는 기존의 '아버지'가 가지고 있던 편견을 해체하려는 몸짓이다.

여기에는 기존의 미와 선에 길들여 있는 독자들의 의식을 해체하겠다는 의도가 숨어 있다. 곧 어둡고 음탕함을 통해서 미를 편견으로 바라보기보다는 빛과 어두움, 선과 악, 미와 추를 탈경계적 시선으로 바라본다. 이는 고착된 편견을 벗어나, 새로운 '아버지'를 찾기 위한 시선이다.

'아버지'는 해체의 대상이 아니라, 해체를 통하여 존재와 사물의 본질을 찾아나서는 담론의 역할을 하는 것이다.

5. 우리 시대의 '아버지'를 위하여

한국의 현대시는 1970년대 고도 경제 성장과 1980년대 민주화 투쟁을 거치면서 부친 살해 과정을 거쳐왔다. 1970년대는 서정시와 참여시가 서로 '아버지'를 자처하는 담론을 가지고 각축을 벌였고, 1980년대 이후 신군부 정권에 대한 저항이 거세어지면서 현실 비판이나 해체주의가 '아버지'에 대한 모독이나 야유, 그로테스크 리얼리즘의 태도를 취하면서 '아버지' - 기성 세대가 가지고 있던 권위 -를 해체하였다. 이는 오이디푸스 신화의 원형으로 따지면 '부친 살해' 은유에 해당한다. 1990년대에는 포스트모더니즘 이

론이 국내에 본격적으로 소개되면서 사물에 대한 편견에서 벗어나기 위해 해체- 일종의 부친 살해 -를 시에 본격적으로 적용하였다. 2000년대에는 '아버지'에 권위에 도전하면서 기존의 정념적인 도덕을 해체한다. 이는 '아버지'의 흔적을 찾아 존재와 사물의 본질을 추구하기 위한 통과의례적 과정으로 보아야 할 것이다. 그렇다면 우리 시대에 '아버지'가 부재不在하는 것일까. 오히려 부재라기보다는 '아버지'의 본질을 찾아나서는 작업이라고 해야 할 것이다. 아직도 우리는 우리 시대의 '아버지'를 찾는 중이다.

| 정신재 시집 |

사랑하고 싶을 땐 시를 쓴다

2024년 5월 10일 초판 인쇄
2024년 5월 30일 초판 발행

저 자 | 정 신 재
발행인 | 이 승 한
편집인 | 임 선 실
발행처 | 도서출판 엠-애드
등 록 | 제 2-2554
주 소 | 서울시 중구 충무로4가 36-7
전 화 | 02) 2278-8063/4
팩 스 | 02) 2275-8064
이메일 | madd1@hanmail.net

ISBN 978-89-6575-178-6
값 10,000원

· 저자와의 합의하에 인지 첨부 생략합니다.
· 파본은 구입하신 서점에서 교환해 드립니다.
· 이 책은 저작권법에 의해 보호를 받는 저작물이므로
  무단전재와 복재를 금합니다.